UMA VIAGEM QUE VIROU HISTÓRIA

Mayara Martines

"Peço que nos acompanhem, por favor." Duas aeromoças chamavam crianças, jovens e adultos em suas respectivas salas. Com os tickets na mão, um a um, os passageiros-estudantes desciam as escadas. Os assentos estavam indicados no salão, convertido em "avião", Lapa, São Paulo, Brasil. Uma nova viagem estava para começar.

Vigésimo sexto dia de abril de 2014. Uma viagem que passaria voando. Um mês "viajando nas obras espíritas". O nosso projeto estava começando. Escrever. Ler. Reescrever. Apagar. Tentar de novo. A divulgação da Doutrina Espírita para o público infantojuvenil era o objetivo. Cada sala à sua maneira. Ao final, as produções seriam depositadas na caixa bege – sim, bege – do avião. Poderia ser simples. Poderia. Mas o Setor de Educação da Criança e do Jovem, junto com o nosso Capitão do avião, deu-nos uma tarefa: as obras deveriam estar aptas a apresentar histórias interessantes sem deixar de lado o conteúdo doutrinário e "passar" pelas peneiras da verdade, da utilidade e da bondade. Ufa, quanta coisa!

O tempo passava muito rápido. A nova escala seria novamente no Salão do Evangelho no Centro Espírita Irmão Itajubá, São Paulo, Brasil, em 31 de maio. Cada sala com uma abordagem e uma rota diferente. Era preciso investigar. Discutir. E muito! Principalmente os alunos da Juventude C (dezessete anos em diante).

Contar histórias é uma tarefa difícil. Recontar fatos é mais difícil ainda. Quem dirá das Irmãs Fox, há mais de cento e sessenta anos! Precursoras do Espiritismo sem perceber. Estudadas um pouco antes de este projeto acontecer. Hydesville estava no mapa. Os acontecimentos na casa de Kate e Margareth não deveriam ser somente lidos para matar a curiosidade, e sim investigados. E quem melhor do que uma detetive? Watson surgiu quase por acaso, por inspiração.

Parecia tão simples. Mas a simplicidade acabou se tornando um obstáculo. A cada novo detalhe a ser acrescentado, uma nova dúvida. Uma nova discussão. Novas vertentes surgiam. Mas, no fim, parece que o simples não perde sua essência. E o conceito foi feito em uma folha de papel. Contar-lhe todos os detalhes? Seriam muitos. Deixo esse mistério no ar.

E pensar que, de todas as decisões que tomamos, a mais fácil foi: será uma HQ! As aventuras da "Detetive Watson: o caso das Irmãs Fox em Hydesville" começou como um projeto e decolou! Estamos ansiosos pela próxima escala.

Centro Espírita Irmão Itajubá
R. Vespasiano, 992 - Vila Romana
São Paulo - SP - 05044-050
Facebook | Centro Espírita Irmão Ita

ISBN 978-85-7341-696-1
1ª edição - outubro/2016

Copyright © 2016,
Instituto de Difusão Espírita - IDE

Conselho Editorial:
Doralice Scanavini Volk
Orson Peter Carrara
Wilson Frungilo Júnior

Coordenação:
Jairo Lorenzeti

Revisão de texto:
Mariana Frungilo Paraluppi

Ilustrações (capa e miolo):
Pablo Elias Diego

Diagramação e editoração:
Artdata Comunicação e MKT
www.artedata.com.br

INSTITUTO DE DIFUSÃO ESPÍRITA - IDE
Av. Otto Barreto, 1067 - Cx. Postal 110
CEP 13600-970 - Araras/SP - Brasil
Fone (19) 3543-2400
CNPJ 44.220.101/0001-43
Inscrição Estadual 182.010.405.118
www.ideeditora.com.br
editorial@ideeditora.com.br

FICHA CATALOGRÁFICA

(Preparada na Editora)

D55d   Diego, Pablo Elias, 1996-
Detetive Watson / Pablo Elias Diego. Araras, SP, IDE, 1ª edição, 2016.
80p.
ISBN 978-85-7341-696-1
1. Quadrinhos. Mangá 2. Literatura brasileira 3. Espiritismo I. Título.

CDD -741.5
-869.935
-133.9

Índices para catálogo sistemático

1. Quadrinhos. Mangá 741,5
2. Literatura brasileira 869.935
3. Espiritismo 133.9

Todos os direitos reservados. Nenhuma parte desta publicação pode ser reproduzida, armazenada ou transmitida, total ou parcialmente, por quaisquer métodos ou processos, sem autorização do detentor do copyright.

O SEMPRE ATUAL E O NOVO.

Com o propósito de dialogar com o público jovem, surge uma nova parceria editorial: IDE e MAIS ALMA (+a). Uma parceria que tem, por princípio, incentivar o surgimento de jovens autores, que tragam uma linguagem mais dinâmica e contemporânea e que demonstrem, dessa forma, o quanto são atuais os ensinamentos da Doutrina Espírita. Não se trata de novos ensinamentos, apenas a Doutrina Espírita apresentada em uma nova forma.

Emmanuel, em 1943, escreveu um prefácio, apresentando um novo livro e um "novo autor espiritual", completamente diferente da época. O livro se chama Nosso Lar, ditado a Francisco Cândido Xavier pelo Espírito André Luiz, e, ao final desse prefácio, Emmanuel faz a seguinte observação:
"(...) André Luiz vem contar a você, leitor amigo, que a maior surpresa da morte carnal é a de nos colocar face a face com a própria consciência, (...). Guarde a experiência dele no livro d'alma. Ela diz bem alto que não basta à criatura apegar-se à existência humana, mas precisa saber aproveitá-la dignamente; que os passos do cristão, em qualquer escola religiosa, devem dirigir-se verdadeiramente ao Cristo, e que, em nosso campo doutrinário, precisamos, em verdade, do ESPIRITISMO e do ESPIRITUALISMO, mas muito mais de ESPIRITUALIDADE."

Allan Kardec, na questão 621 de O Livro dos Espíritos, faz a seguinte pergunta: "Onde está escrita a lei de Deus?" E os Espíritos respondem: "Na consciência." Isso significa que não se encontra em nenhum formato definido, mas dentro do homem, em sua consciência. Cabe ao homem relembrá-la, trazer para fora.

Este é o grande desafio proposto, em meio às redes atuais, entre gigabytes, realidade aumentada, emoticons, e muitas outras ruas e avenidas do mundo atual, resgatar o caminho da Espiritualidade.
Esperamos que curtam o projeto e a leitura.

Jovens autores que queiram encaminhar
livros para análise editorial:
meulivro.maisalma@gmail.com

COF! COF!

GOHHHHHH

COM LICENÇA, O SENHOR PODERIA ME EXPLICAR O QUE HOUVE AQUI?

CLARO! APROVEITE QUE HOJE ESTOU DE MUITO BOM HUMOR.

MAS A HISTÓRIA É BEM LONGA...

MELHOR VOCÊ SE SENTAR.

OK.

VOCÊ CONHECE A HISTÓRIA DAS IRMÃS FOX?

QUE VISÃO ESTRANHA...

HUM... NÃO...

(1) VEJA NOTAS DOS QUADRINHOS. PÁG. 73.

MAS FICOU APAVORADA QUANDO PERGUNTAS ÍNTIMAS FORAM RESPONDIDAS CORRETAMENTE.

SRA. REDFIELD FEZ QUESTÃO DE CHAMAR SEU MARIDO, E OS DOIS OUVIRAM AS MESMAS PERGUNTAS SEREM RESPONDIDAS NOVAMENTE.

A PARTIR DAÍ, CHAMARAM VÁRIOS VIZINHOS, COMO O SR. E SRA. DUESLER ...

OUTRAS PESSOAS PASSARAM A SE INTERESSAR E A PRESENCIAR O FENÔMENO.

BLAM

VAMOS CHAMAR TAMBÉM OS HYDE E OS JEWELL.

SR. DUESLER FEZ MUITAS PERGUNTAS PARA TESTAR O ESPÍRITO.

SRA. FOX TENTOU DESCOBRIR A IDENTIDADE DO ASSASSINO CITANDO NOME DE TODOS QUE PÔDE LEMBRAR.

NA NOITE DE 31 DE MARÇO, FORMOU-SE UMA COMISSÃO PARA INVESTIGAR O FENÔMENO.

23

DESDE ENTÃO, MUITOS PASSARAM A INTEGRAR AS VIGÍLIAS NOTURNAS.

NO DIA SEGUINTE, SÁBADO, 1º DE ABRIL, A CASA FICOU LOTADA.

DIZIAM QUE MAIS DE 300 PESSOAS ESTAVAM PRESENTES NO TERRENO DOS FOX.

É AQUI!

É AQUI!

ESSA É A CASA AMALDIÇOADA?

EU LHE DISSE PRA VIRMOS MAIS CEDO, SOMOS OS ÚLTIMOS DA FILA.

ME DESCULPE!

COM A SAÍDA DAS IRMÃS DA CASA, A HIPÓTESE DE FRAUDE POR PARTE DELAS FOI DESCARTADA.

...

DURANTE TODO O DIA, NÃO HOUVE BARULHOS...

NO ENTANTO, NA NOITE DO DIA 1º DE ABRIL, OS SONS RECOMEÇARAM.

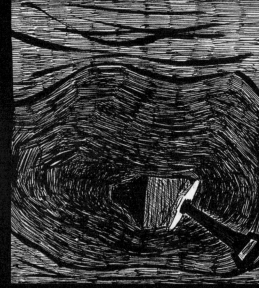

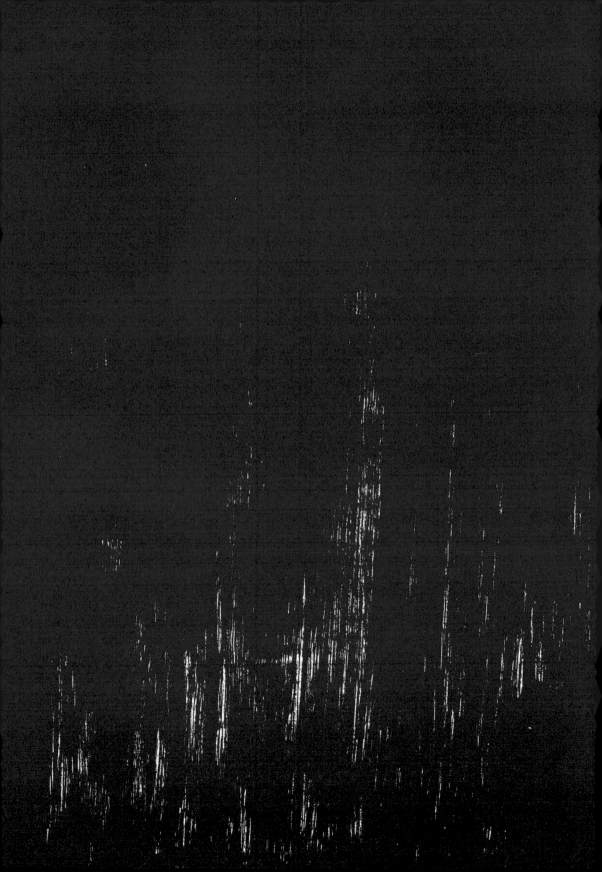

38 VEJA NOTAS DOS QUADRINHOS. PÁG. 73.

52
(2) (3) VEJA NOTAS DOS QUADRINHOS. PÁG. 73.

(4) VEJA NOTAS DOS QUADRINHOS. PÁG. 74.

(6) VEJA NOTAS DOS QUADRINHOS. PÁG. 74.

Charles B. Rosma, o mascate. Provável vítima, morta e enterrada na casa, mas o assassinato nunca foi comprovado por falta de provas.

FIM

ESPERE... ISSO FOI...

ESTRANHO...

PODE SER...
UMA EVIDÊNCIA...

PORÉM...

QUAL SERIA
A RAZÃO...

PRA ISSO?...

ESPÍRITO
....

UMA
ESSÊNCIA, UMA
INDIVIDUALIDADE
...

QUE
SOBREVIVE...

FAZ
SENTIDO, AFINAL,...
HÁ CERTA
HARMONIA NAS
COISAS...

AO
CORPO
...

E...

A VIDA NÃO
DEVE SER UMA
EXCEÇÃO...

"BOA NOITE. EU
PRECISO DE UM
QUARTO PARA
PASSAR A NOITE."

...

"AQUI ESTÁ,
SENHORITA,
SUBINDO AS
ESCADAS.
QUARTO 3."

"OBRIGADA E BOA NOITE."

QUANTAS POSSIBILIDADES SE ABREM...

"AGRADECEMOS A PREFERÊNCIA."

A PARTIR DAÍ, TODO PRECONCEITO SERIA INFUNDADO...

E IRRACIONAL...

SENDO O ESPÍRITO IMORTAL, NÃO ADIANTARIA NADA ELE FICAR NO ÓCIO MESMO DEPOIS DE MORRER... MORRER?

O NOSSO TEMPO DE ESTADIA NA TERRA?

ACHO QUE NÃO DEVE SER ESSE O TERMO...

UM TEMPO... DE TRANSFORMAÇÃO?

DE PROGRESSO...? DE APRENDIZADO...?

É UM TEMA A SER ESTUDADO

EM TODO CASO,...

E QUE NOS PERMITE.... BUSCAR SER ALGUÉM MELHOR A CADA....

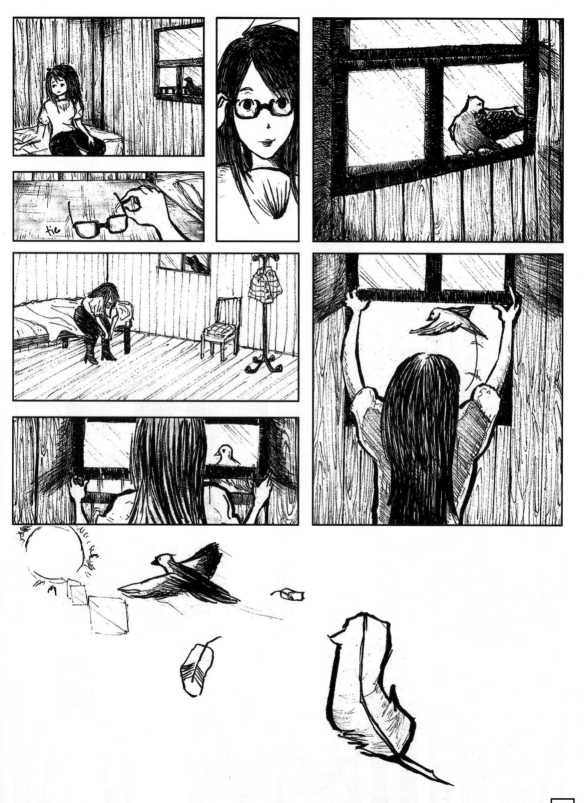

BOM DIA.

BOM DIA.

SIM, SIM. OUVI DIZER QUE ELES VÃO VOLTAR A CAVAR E PROCURAR MAIS COISAS.

AINDA ME LEMBRO DA HISTÓRIA QUE O SENHOR CONTOU.

FORAM DUAS CRIANÇAS QUE DESCOBRIRAM OS RESTOS MORTAIS ENQUANTO BRINCAVAM NA CASA.

NA CASA DOS FOX?

EU ERA UMA CRIANÇA E AINDA ME LEMBRO DE QUANDO SOUBE DAQUELA PRIMEIRA REUNIÃO COM A PRESENÇA DAS IRMÃS FOX.

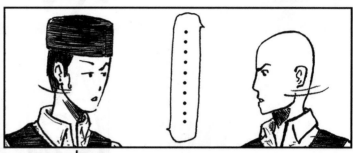

Notas dos Quadrinhos

[1] É um Espírito? (pág. 19)

Quando acontece o que chamamos de morte, nada mais há do que o desligamento entre corpo e Espírito. Mas, mesmo após a separação entre o Espírito e o corpo, o Espírito não se torna totalmente "imaterial". O que chamamos de Espírito é a unidade formada pela essência - o Espírito, o ser. E o seu meio de manifestação - o perispírito (no texto intitulado *Conceitos Importantes*, que segue o referente a *Notas dos quadrinhos*, essa informação será mais bem explicada). Ver também Contexto Histórico, pág. 81.

Sobre a tangibilidade (pág. 38)

Naturalmente, para nós, encarnados, o perispírito dos desencarnados é invisível. O que não o impede de, por uma modificação na sua estrutura molecular, chegar a se mostrar visualmente, mesmo que de maneira vaporosa. Porém, essa "condensação" pode chegar a tal nível que pode dar ao perispírito propriedades de um corpo sólido e tangível durante algum tempo, ou, instantaneamente, voltar ao seu estado etéreo e invisível. (Para mais detalhes, ver o item 105 e os capítulos VI e VII da segunda parte do *O Livro dos Médiuns*, de Allan Kardec).

Obs.: A palavra "condensação" está entre aspas porque é uma expressão aproximada, já que nós, encarnados, não temos uma palavra específica para o que acontece. É uma comparação para facilitar nossa compreensão.

Sobre o copo de água (pág. 38)

"[...] o Espírito age sobre a matéria; tira da matéria cósmica universal os elementos necessários para formar, como quiser, objetos com a aparência dos diversos corpos da Terra. Pode também operar, pela vontade, sobre a matéria elementar, uma transformação íntima que lhes dê certas propriedades. Essa faculdade é inerente à natureza do Espírito, que a exerce muitas vezes de maneira instintiva e, portanto, sem perceber, quando se faz necessário. Os objetos formados pelo Espírito são de existência passageira, que depende da sua vontade ou da necessidade: ele pode fazê-los e desfazê-los a seu bel-prazer. Esses objetos podem, em certos casos, parecer, para os vivos, perfeitamente reais, tornando-se momentaneamente visíveis e mesmo tangíveis. Trata-se de formação e não criação, pois o Espírito não pode tirar nada do nada." (do Item 129 do *O Livro dos Médiuns*, de Allan Kardec. Ver também o item 128 e o cap. VIII da segunda parte do mesmo livro).

Isso pode explicar o aparecimento do mascate para a detetive Watson e a cena dele com o copo d'água, na história.

[2] Não é curioso como a nossa linguagem é limitada? (pág. 52)

Mesmo colocando bem as palavras, nossa linguagem é limitada, pois está presa a comparações, termos limitados e idiomas. A forma mais fiel de linguagem seria pelo pensamento. Mas ele ainda está longe de ser nosso principal meio de comunicação enquanto encarnados.

³ Como uma rede que nos interliga pelo pensamento. (pág. 52)

A Essência de cada um de nós é o pensamento, o Espírito. No plano espiritual, essa é a maneira de se comunicar. Quando emitimos nosso pensamento, ele se espalha pelo seu meio, o fluido universal, além de atrairmos pensamentos semelhantes pela nossa vibração, criando uma rede. A nossa vontade é o motor para esse tipo de comunicação.

⁴ Por que você está vestido igual ao mascate? (pág. 53)

Sabe-se que, nas manifestações visuais, os Espíritos familiares se apresentam de forma a parecer que estão vestidos com as roupas que costumavam usar enquanto encarnados.

⁵ E por qual outro motivo seria? (pág. 54)

Temos já muitas vidas passadas. Pela Sabedoria Divina, normalmente não temos plena consciência delas, apenas impressões. Quando temos essa consciência, isso tem um motivo. A reencarnação é uma manifestação da Justiça e da Bondade do Criador.

⁶ Disto... (pág. 54)

Nós humanos somos compostos por três "partes". O Espírito, o perispírito (semimaterial) e o corpo físico (material, ou somático). Para mover o braço, o Espírito dá o comando, pois é a vontade, a inteligência. Mas a vontade precisa de um meio para agir sobre a matéria, o corpo físico, o objeto. E o perispírito é esse meio de ação. Ou seja, a inteligência age sobre o perispírito, e o perispírito age sobre o corpo, que mexe o braço. Isso se dá porque a substância do perispírito está mais ou menos fundida/colada à matéria, o que faz os músculos agirem. É o veículo, enquanto encarnados, para a nossa evolução.

(Para mais detalhes sobre as Irmãs Fox, ver: *História do Espiritismo*, de Arthur Conan Doyle — Editora Pensamento-Cultix, caps. 3 e 4).

Conceitos Importantes

Como nossa linguagem é limitada—e também nossa compreensão dela—, geralmente precisamos enxergar mentalmente para compreender. Então, deixe-me tentar ilustrar e exemplificar a interpretação espírita dos fenômenos que aparecem na história.

Antes disso, preciso dizer que o que será dito aqui não é—e não há pretensão da minha parte que seja—inquestionável. Afinal, uma das bases da doutrina/ciência/filosofia espírita é que ela não está terminada; ela tem seus fundamentos e se desenvolve sobre eles, progressivamente, à medida que vamos evoluindo, purificando-nos e desenvolvendo-nos, assim como nossa compreensão sobre eles.

Assim como o ar é invisível e nos cerca, estamos também imersos em um mar de fluido semimaterial, que é chamado de fluido universal [1]. Para enxergar isso melhor, imagine-se dentro de uma piscina infinita e que abrange todo o universo. Sei que não é uma coisa muito simples de se imaginar, mas é a imagem mais próxima que me vem à mente.

Pronto, esse é o universo. Ele foi e é regido pelas leis da natureza que conhecemos —e também pelas que não conhecemos. Ainda.

Entendemos que o universo é constituído por dois elementos fundamentais: o espiritual, o princípio inteligente do universo, para nós impalpável; e o material [2], o meio sobre o qual o Espírito age através do fluido universal. E, por último, mas não menos importante, sua causa primária, Deus, a Inteligência Suprema, o grande e bondoso ferreiro que criou e vigia os trilhos do universo.

E entre o Espírito e a matéria é que está localizado o fluido universal (que, apesar de ser também material, diferencia-se da matéria que conhecemos, por propriedades especiais). Por suas inúmeras combinações com a matéria, o fluido universal possibilita a formação de uma infinita variedade de coisas. "É o princípio sem o qual a matéria estaria em perpétuo estado de divisão" (*O Livro dos Espíritos*—questão 27).

A mediunidade de efeitos físicos é, como qualquer qualidade mediúnica, inerente, intrínseca à nossa característica de Espíritos [3] encarnados. Sendo Espíritos revestidos pelo perispírito e ainda pelo nosso corpo material, a mediunidade—ou seja, a capacidade de nos comunicarmos com "outros de nós, mas com características envoltórias diferentes"—, pode apresentar efeitos mais ou menos perceptíveis, e ser mais ou menos aflorada. (Para mais informações sobre os tipos mais conhecidos de médiuns, ver *O Livro dos Médiuns*, de Allan Kardec, caps. XIV e XV).

Já estabelecido que todos nós, e os que nos cercam, somos Espíritos—nós encarnados, e eles, desencarnados—, o então misterioso fenômeno da mediunidade tem os seus fundamentos e "segredos" descortinados pela compreensão da função do perispírito.

Quando acontece o que chamamos de morte, nada mais há do que o desligamento entre corpo e Espírito. Mas, mesmo após a separação entre Espírito e corpo, o Espírito não se torna totalmente "imaterial". O que chamamos de Espírito é a unidade formada pela essência — o Espírito, o ser, e o seu meio de manifestação — o perispírito [4].

Deus jamais deixou ou deixará de criar, por isso é impossível, até mesmo tentar, estimar quanto tempo cada um de nós já tem como Espírito. Por isso é tão importante contarmos quanto tempo temos enquanto encarnados. Para lembrarmos da importância de nos melhorarmos com o passar do tempo.

Também como Ele criou ainda é um mistério para nós.

O que sabemos é que os Espíritos são individualizações do princípio inteligente, são incorpóreos, imortais e envoltos por um invólucro semimaterial mais ou menos moldável.

Essas acima são propriedades do Espírito desencarnado. O Espírito encarnado tem a mais o corpo material, que ganha vitalidade quando o princípio vital [5] se une e impregna o corpo. O princípio vital também é uma adaptação do fluido universal. A vitalidade, para acontecer, depende tanto da união do princípio vital com o corpo quanto o corpo necessita dele para viver. Deste modo, a capacidade do fluido vital de dar vida mantém-se em estado latente quando não ligado à matéria.

O corpo funciona como um relógio ou algum outro aparelho elétrico que requeira bateria recarregável. A bateria fornece o impulso de que as engrenagens precisam, mas, se as engrenagens estiverem quebradas, ela de nada adianta; assim como de nada adianta engrenagens em perfeito estado, mas faltando energia na bateria. E, fora do aparelho, uma bateria continua sendo uma bateria, mas sozinha não produz movimento ou outro tipo de ação. É a mesma ideia.

Não há uma quantidade absoluta ou padrão de princípio vital em cada ser orgânico (refiro-me principalmente aos seres humanos), de modo que, em cada momento, alguns têm de sobra e outros têm apenas o suficiente. Quando um Espírito desencarna, o princípio vital volta para o meio original, assim como a matéria que formava o corpo até pouco tempo atrás, dando origem, no tempo certo, a novos seres. Este é um ciclo que se repete cada vez que um Espírito desencarna e encarna novamente.

Mas o que tudo isso tem a ver com a mediunidade de efeitos físicos das Irmãs Fox?

No ser humano encarnado, a substância do perispírito mais ou menos se funde/liga-se à matéria do corpo — animada pelo princípio vital —, e, dependendo da organização do corpo, essa substância, junto com o princípio vital, pode emanar do corpo [6]. É da maior facilidade dessa emanação que resultam os médiuns de efeitos físicos. É aqui que entra a quantidade de princípio vital que cada um emana. Muitas vezes, a emanação dessa mistura pode ser involuntária. E, quanto mais uma pessoa emana essa mistura entre a substância do perispírito e o princípio vital, mais potente no sentido de "com potencial" ou possante essa pessoa poderá se tornar como médium de efeitos físicos (*O Livro dos Médiuns*, segunda parte, cap. IV).

Dessas emanações involuntárias é que ocorrem as manifestações espontâneas, o que pode fazer parecer, erroneamente, que os médiuns são desnecessários. E é aqui que entram as Irmãs Fox. Elas começaram como médiuns involuntárias e foram desenvolvendo seu controle sobre a mediunidade.

Como já dito, a filosofia/ciência/doutrina Espírita se caracteriza pelo seu progressivo desenvolvimento. E não foi diferente com a teoria das manifestações físicas.

No início, imaginou-se que, como nós, encarnados, os desencarnados que quisessem se manifestar por meio de pancadas usassem a própria mão para bater. Ou, se quisessem se manifestar por meio da movimentação e batidas de objetos, que agarrassem o objeto e o carregassem para lá e para cá e o batessem contra as superfícies. Mas por meio de experiências, observações e comunicações, ficou-se sabendo que o que acontece faz mais sentido.

O Espírito desencarnado dá uma vida factícia (artificial) e temporária ao objeto, usando do princípio vital do médium misturado à substância do seu perispírito. Então, o objeto responde aos pensamentos do Espírito por estar ligado ao fluido do seu perispírito e saturado do princípio vital do médium, e assim, temporária e artificialmente "com vitalidade" (mesmo não pensando). Dessa maneira, as batidas—e até os movimentos de diferentes objetos—tornam-se explicáveis: são produzidas usando a mistura dos fluidos [7] como extensão da vontade do Espírito, por meio do perispírito [8].

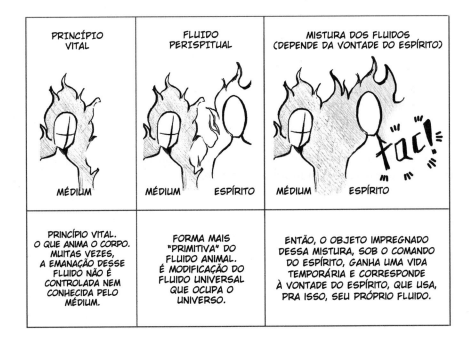

Além da quantidade de princípio vital que o médium libera, a afinidade é dos pontos mais importantes para a mediunidade de efeitos físicos. Os fluidos devem ser compatíveis — ou seja, não é todo Espírito que pode "trabalhar" com todo médium —, e, para que isso ocorra com melhor resultado, o melhor seria que a afinidade entre eles fosse grande ou natural (Aqui, entenda afinidade como "qualidade de afim, conformidade").

Mas não é sempre assim.

Algumas vezes, a mistura dos fluidos não se dá, por serem inteiramente refratários ou por ser contra a vontade do médium. Outras vezes, essa mistura só se dá através do esforço e da vontade do médium. E, às vezes, a mistura dos fluidos pode se dar sem o menor esforço do médium — que, muitas vezes, não tem consciência do que está acontecendo.

Estes últimos são os chamados médiuns espontâneos, involuntários. Os anteriores são os médiuns facultativos, que, em maior ou menor grau, têm a emanação do princípio vital sob controle e não são meros instrumentos dos Espíritos; um desenvolvimento da mediunidade natural em que se consegue permitir ou não manifestações pela vontade, sem estar à mercê dos Espíritos. E os primeiros são os médiuns em quem os Espíritos não encontram os fluidos necessários e compatíveis para a mistura, ou agem contra a vontade do médium, tornando os efeitos mais fracos ou até inexistentes.

Então, esta é a função básica da vontade do médium: chamar os Espíritos para eles ajudarem a impulsionar os fluidos.

Nós, humanos, somos compostos por três "partes". O Espírito, o perispírito (semimaterial) e o corpo físico (material, ou somático). Para mover o braço, o Espírito dá o comando, pois é a vontade, a inteligência. Mas a vontade precisa de um meio para agir sobre a matéria, o corpo físico, o objeto. E o perispírito é este meio de ação. Ou seja, a inteligência age sobre o perispírito, e o perispírito age sobre o corpo, que mexe o braço. Isso se dá porque a substância do perispírito está mais ou menos fundida/ligada à matéria, o que faz os músculos agirem.

Para os Espíritos desencarnados o caminho é o mesmo. A inteligência age sobre o objeto através do meio. Quando vai agir sobre determinado objeto, o Espírito usa do que está entre a inteligência e o objeto, ou seja, o perispírito e os fluidos que cercam o objeto. Para isso, é necessária a mistura dos fluidos [9].

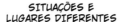
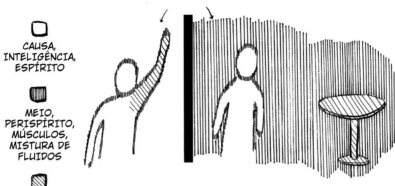

CAUSA, INTELIGÊNCIA, ESPÍRITO	
MEIO, PERISPÍRITO, MÚSCULOS, MISTURA DE FLUIDOS	
OBJETO QUE SOFRE O EFEITO	CAMINHO PELO QUAL O ESPÍRITO ENCARNADO E O DESENCARNADO AGEM SOBRE OS OBJETOS. [10]

SITUAÇÕES E LUGARES DIFERENTES

☐ SUBSTÂNCIA DO PERISPÍRITO EM EXPANSÃO E FLUIDO UNIVERSAL

▧ PRINCÍPIO VITAL

ESPÍRITO[11]   MÉDIUM

- MISTURA ENTRE O PRINCÍPIO VITAL DO MÉDIUM, O FLUIDO SOB CONTROLE DO ESPÍRITO, E A SUBSTÂNCIA DO SEU PERISPÍRITO.

- ESSA MISTURA DEPENDE DE DIVERSOS FATORES COMO:

　- COMPATIBILIDADE DE FLUIDOS,
　- AFINIDADE,
　- INFLUÊNCIA DO MEIO,
　- VONTADE DO ESPÍRITO.

- POR ISSO, NÃO HÁ UM TEMPO CERTO PARA OCORRER. PODE DEMORAR MUITO OU POUCO PARA DAR CERTO.

ESPÍRITO   MÉDIUM

- QUANDO A MISTURA DÁ CERTO, O PRINCÍPIO VITAL DO MÉDIUM SE LIGA E SATURA O OBJETO, FORNECENDO UMA "VITALIDADE" FACTÍCIA - ARTIFICIAL - A ELE.

- O ESPÍRITO, POR MEIO DO FLUIDO UNIVERSAL E DO SEU PERISPÍRITO, CONTROLA O OBJETO.

Notas dos Conceitos Importantes

[1] O fluido universal é um fluido originalmente homogêneo, mas que pode sofrer modificações parciais. As modificações se devem aos diferentes graus de desmaterialização e ao desenvolvimento dos diversos mundos. Ele ocupa todo o universo e é o meio pelo qual o Espírito age sobre a matéria. De algum modo, dá origem à formação de todas as outras coisas.

[2] É importante considerarmos que o elemento material, nessa classificação, é muito mais complexo do que imaginamos corriqueiramente. Ele pode, por exemplo, ser tão etéreo e sutil que não nos causaria nenhuma impressão física. E engloba também tudo o que hoje chamamos de energia na natureza.

[3] Espírito, com letra maiúscula, refere-se a "ser imaterial, e individual, que em cada um de nós reside e sobrevive à morte do corpo. Individualização do princípio inteligente, consciência". Obs.: Imaterial é a essência do Espírito. Ele, como uma individualidade, é semimaterial pelas propriedades do seu invólucro, o perispírito, comparado à matéria que conhecemos.

[4] O perispírito é constituído por uma variação do fluido universal e é a chave para a maioria dos fenômenos espíritas. Seu refinamento varia de acordo com a desmaterialização de cada um e com o respectivo mundo, podendo ser mais ou menos grosseiro. É ele, por mais etéreo e sublime que seja, que nos dá nossa individualidade, "materialmente" falando. Sua aparência não é absoluta, mas sua forma é sempre mais ou menos humana como a conhecemos. É o invólucro que liga o Espírito ao corpo.

[5] Princípio vital equivale ao chamado fluido magnético, transmitido nos passes e nos tratamentos espirituais.

[6] Esta emanação não é permanente. É necessária uma quantidade específica para cada manifestação. Quando essa quantidade não é alcançada, a manifestação é interrompida. A emanação, primeiramente, depende da organização física do corpo; mas ela pode ser melhor controlada com o tempo.

[7] Essa mistura foi batizada por alguns pesquisadores como Ectoplasma, embora não soubessem de seu componente espiritual.

[8] A mistura dos fluidos também faz parte do mecanismo para as batidas. Os fluidos combinados refletem a vontade e o pensamento do Espírito por meio delas.

[9] Na mistura dos fluidos, o princípio vital do médium impregna o objeto e este é, então, controlado pelo Espírito desencarnado através de seu perispírito, como na ilustração 3 dos Conceitos Importantes.

[10] Como a substância do perispírito é uma modificação do fluido universal de cada globo, essa distância que na imagem parece grande é menor ou insignificante, já que o Espírito age na velocidade do pensamento.

[11] A mistura entre o fluido universal ambiente e a substância do perispírito do desencarnado se dá num processo chamado de expansão do perispírito.

Contexto Histórico

As manifestações físicas são fenômenos que se perdem na noite dos tempos. Mas há um momento na história que será comentado aqui, já que não podemos comentar todos. Do século XIX em diante, estes casos começaram a ser documentados com maior rigor. A partir dessa época, houve um aumento do número dessas manifestações pelo mundo. "Era como uma nuvem psíquica, descendo do alto e mostrando-se nas pessoas suscetíveis", nas palavras de Arthur Conan Doyle (*História do Espiritismo* Editora Pensamento-Cultix, pág. 85).

Essa documentação começou a ser levada mais a sério quando as manifestações deixaram de ser vistas como simples espetáculos e distrações, depois da percepção de uma individualidade inteligente por trás desses fatos; pois, sem isso, os tais efeitos poderiam não passar de fenômenos pertencentes ao território da física, por exemplo.

A princípio, a movimentação de objetos poderia ser fruto de alguma corrente elétrica, ou de algum outro fluido desconhecido. Mas essa hipótese se mostrou incompleta à medida que os movimentos se mostraram inteligentes, obedecendo a ordens dos presentes com movimentos ou sons. Logo, eles (os objetos) começaram a responder "sim" e "não" com determinado número de batidas. Com o tempo, foram desenvolvidos sistemas para que as respostas fossem formadas por frases e até textos. Dentre esses sistemas, havia as manifestações que ocorriam por meio de batidas com e em objetos como mesas ou banquinhos. Mas mesmo o processo de comunicação por essas batidas era lento, já que dependia de certo número de batidas para cada letra.

Surgiram outras teorias dizendo que as batidas refletiam o inconsciente do médium ou de alguém presente. Porém, com respostas que eram contrárias — e até em idiomas estranhos — ao médium e aos presentes, essas teorias também se mostraram inconsistentes (segunda parte, cap. III do *O Livro dos Médiuns*). A partir da arte das pancadas que significavam letras, e o uso de objetos para isso, é que surgiram as comunicações escritas. As primeiras desse tipo foram possíveis graças a um lápis adaptado a uma pequena mesinha movimentada sob influência do médium. Esse processo foi sendo simplificado e produzido com objetos menores, como cestinhas ou pranchetas com rodinhas.

Logo, perceberam que esses objetos na presença do médium serviam apenas como a mão para alguém encarnado enquanto escreve. E, não muito tempo depois, a própria mão do médium passou a ser impulsionada e escrever sob influência do Espírito. (Para mais detalhes e informações, veja *O Livro dos Médiuns*, segunda parte, cap. I a V, XI e XIII).

A intenção deste último texto é, principalmente, mostrar a importância das manifestações físicas para o desenvolvimento, ainda na sua infância, do Espiritismo. Por meio de observação e estudo desses tipos de fenômenos nos EUA e depois na Europa é que começou a ser descoberta e revelada a doutrina dos Espíritos, organizada e codificada por Allan Kardec. Uma doutrina esclarecedora, que, não mais do que isso, mantém sua base sob os consoladores ensinamentos de Jesus.

Não acho que seja por acaso, pois, se não fosse por isso, você não estaria lendo isso agora. Digo, este volume nem existiria! Já parou para pensar nisso?

ideeditora.com.br

*

Acesse e cadastre-se para receber
informações sobre nossos lançamentos.

twitter.com/ideeditora
facebook.com/ide.editora
editorial@ideeditora.com.br

ide

IDE Editora é apenas um nome fantasia utilizado pelo INSTITUTO DE DIFUSÃO ESPÍRITA, entidade sem fins lucrativos, que promove extenso programa de assistência social, e que detém os direitos autorais desta obra.